Papperlapapp

Geschichten, Gedichte, Sprüche, Lieder, Bilder.

Wenn der Himmel die Erde küsst.

Von Melancholie und Revolution ist die Rede
und vom Blauen Planeten.

Vom Meditieren auf fliegenden Teppichen,
biologischen Wundern und dem Wind.

Liebe, Freundschaft und Kinderaugen.

Ein Bild sagt mehr als tausend Worte und tausend Worte können
manchmal nicht beschreiben, was ein Gedicht in wenigen Versen
sagt. Es sind die Intensität der Worte und das Spiel der Gedanken,
welche die Stimmung einfangen und die Welt mit ihren kleinen
und großen Dingen beschreiben, welche die Gefühle und das
Nachsinnen wecken und uns auch auf manch sonderliche Gedan-
kenreise schicken.

Ernst Ludwig Becker, geboren 1957, studierte Biologie an der Philipps
Universität in Marburg, an der TU Darmstadt und am Juniata College
in den USA, an welchem er auch das Töpfern lernte und einen „Award
for excellent Studio Arts" bekam. Er arbeitete in verschiedenen Berufen
und war politisch aktiv. In Spanien, Frankreich und Griechenland, en-
gagierte er sich auf freiwilliger Basis bei ökologischen Projekten. Heute
schreibt er Bücher und unterrichtet in Teilzeit an einer Grundschule.
Mit den Kindern erforscht er ihre Umwelt und die Natur. Dabei fanden
sie auch schon erloschene Reste von Sternschnuppen und waren bei ei-
ner der Exkursionen ganz in der Nähe des Nordpols. So nebenbei führt
er sie auch behutsam in das digitale Zeitalter ein und stellt fest, dass er
da noch viel von ihnen lernen kann.

Papperlapapp

Wenn der Himmel die Erde küsst.

Reflexionen, Gedichte und Bilder von
Ernst Ludwig Becker

www.tredition.de

© 2021 Ernst Ludwig Becker

Verlag & Druck: tredition GmbH, Halenreie 40-44, 22359 Hamburg

ISBN:

Paperback   978-3-347-19687-2
Hardcover   978-3-347-19688-9
E-Books   978-3-347-22102-4

Coverbild: E. L. Becker

Wenn der Himmel die Erde küsst.

Geschichten

Gedichte

Sprüche

Lieder

Bilder

Für Lori Ann

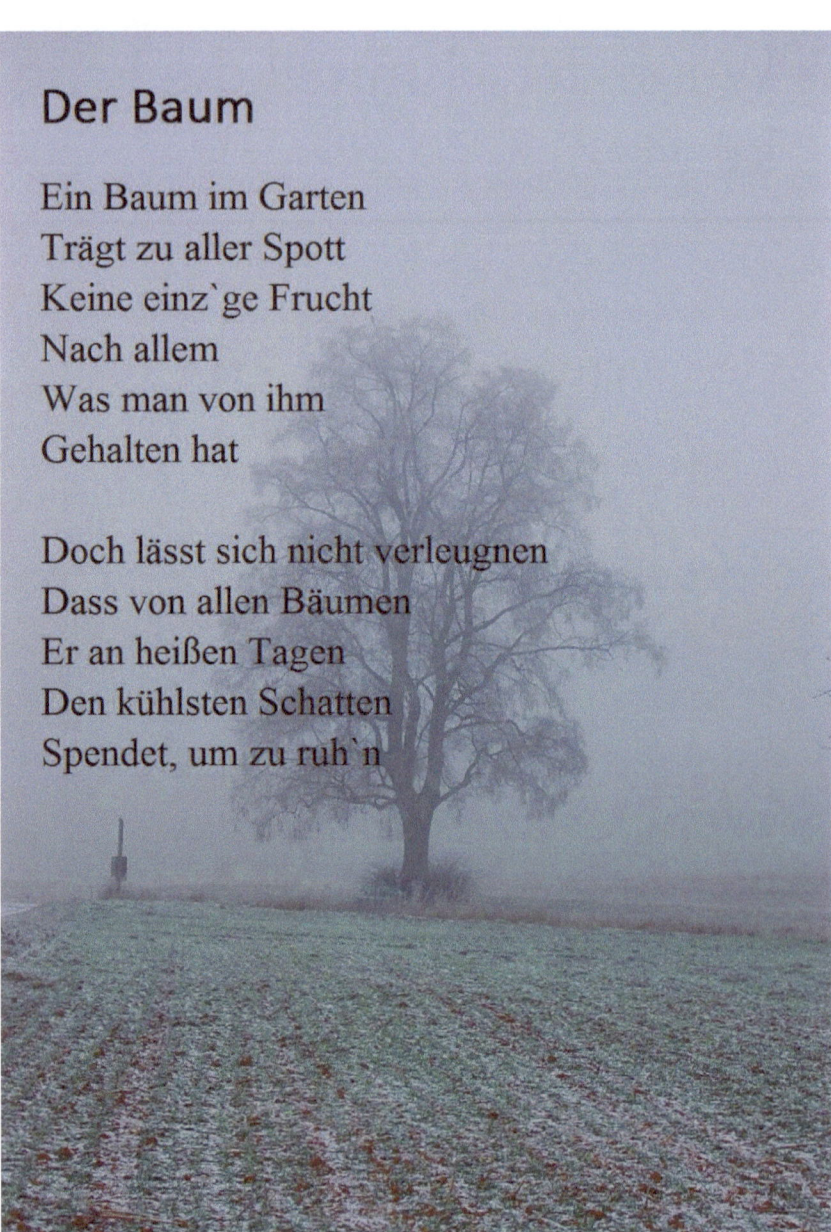

Der Baum

Ein Baum im Garten
Trägt zu aller Spott
Keine einz`ge Frucht
Nach allem
Was man von ihm
Gehalten hat

Doch lässt sich nicht verleugnen
Dass von allen Bäumen
Er an heißen Tagen
Den kühlsten Schatten
Spendet, um zu ruh`n

Fantasie

Die Erinnerung
fällt mir
in den Gedanken
über und über
schwappt die Fantasie

So würde ich gerne
hier noch heute
meine Träume ausgraben
bevor ich meinen
Mut verlier`
in ihrer Sumpfokratie!

Kopfweh

Mein Körper ist voll von Endorphinen, Eiweiß
Hormonen und Vitaminen
Alle wollen nur mein Bestes
Wollen raus die Welt erkunden
Solange sie noch existieren
Mir den Lebenslauf diktieren

Kohlenhydrate, Mineralien
Neuronen und Zellmembranen
Feuern sie an und assistieren

Und dann bin ich es doch
der Kopfweh hat

Stell dir vor ....

US Nächte

Ein Glas voll Milch.
Ein Klavier voll Jazz.
Ein Baby schreit.
Es ist schwül und heiß.
Die Kippe am Mund.
Die Grille geigt.
Die Nacht ist schwarz.
Und wird`s noch lange sein.

Ein Zuckermund.
Ein Stückchen Haut.
Ein Kissen voll mit Zärtlichkeit.
Ein Kellerbett.
Mit Unsinn bedeckt.
So sag ich dir Gut` Nacht.

Broadway

Das Leid des Lebens
Ist das Leid der Menschheit
Ist das Leiden des Verstandes

MEDITATION

MEDITATION

EDITATION

DITATION

ITATION

TATION

ATION

TION

ION

ON

N

NO

NOI

NOIT

NOITA

NOITAT

NOITATI

NOITATID

NOITATIDE

NOITATIDEM

Machen

#Ich habe

Minus #etwas

plus gemacht,

minus #ohne

plus #etwas

minus gemacht

#zu haben.

Fair women

Once I fell in love with a fair woman, you know, but I was not sure about her, because she told me, she could not live with a man too close by her side. So, I asked an old wise man, what to do about it. The old wise man, he might have been about eighty, made a clicking sound with his mouth and shook his head.

"Oh, dearly me," he said, "love and women, that's something I haven't got around to yet myself, you should ask an older and wiser man. But if you love a fair woman, you need a strong heart, my lad."

So, I walked to an even older and wiser man. He was maybe a hundred years and I told him, that I am in love with a fair woman, but that she gets all upset, if I get to close to her and she starts losing things, like her glasses all the time.

" My, oh my," he said, "I never understood this matter myself you know, you must ask a much older and wiser man then me. But if you love a fair woman, you need a healthy mind," he said and bid me farewell.

So, I walked about looking for an older and wiser man, no easy task, you reckon. At last I found one, who was maybe a hundred and ten, if not more, with long white hair and a white beard and I told him, that I am in love with a fair woman, but that she gets pain in her shoulders and doesn't feel well, if I stay too long too close by her side and I didn't know what to do about it.

"Oh, oh," he said, "love is an overly complicated matter, I haven't figured it out myself. You need to ask an older and wiser man then me, he said, but if you love a fair woman, you need a lot of patience and may be a bit more patience."

So, I sat down and thought, „I will never find an older and wiser man." I looked all about and couldn't find one and I asked myself: "How old to you have to get to understand love and women?" And then it came to me, - you need a long, long life, patience, a healthy mind and a strong heart, if you are in love with a fair woman.

Harmonie

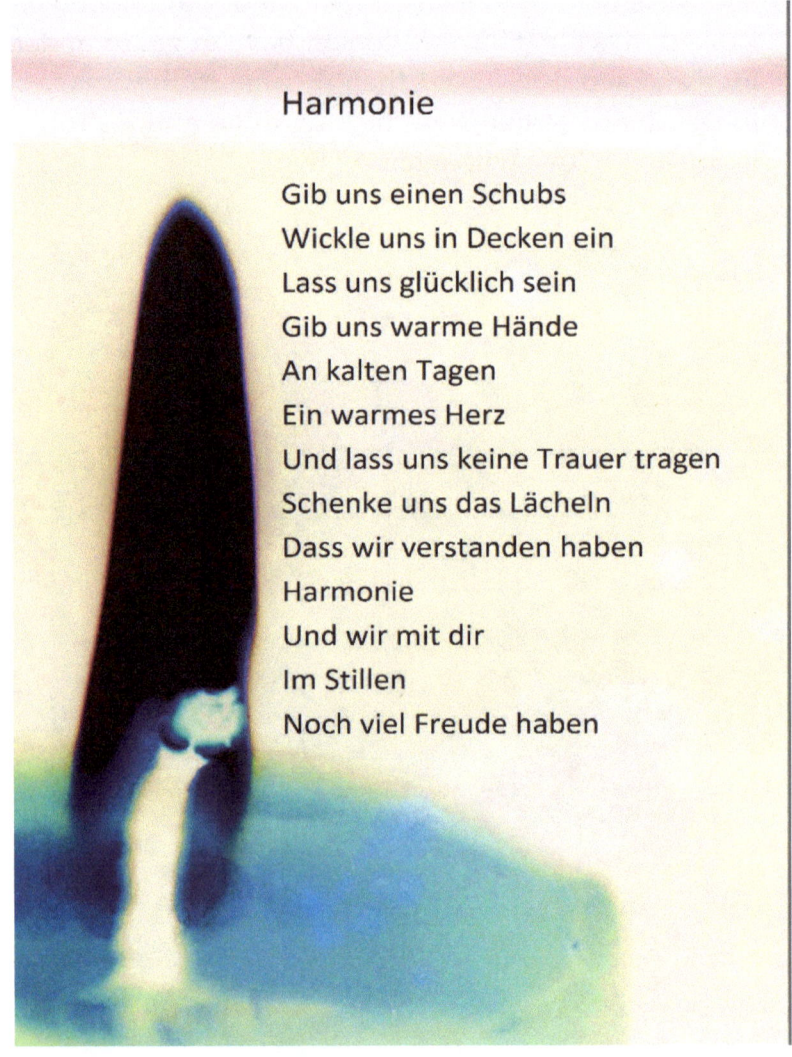

Harmonie

Gib uns einen Schubs
Wickle uns in Decken ein
Lass uns glücklich sein
Gib uns warme Hände
An kalten Tagen
Ein warmes Herz
Und lass uns keine Trauer tragen
Schenke uns das Lächeln
Dass wir verstanden haben
Harmonie
Und wir mit dir
Im Stillen
Noch viel Freude haben

Herbe Frucht

zwischen meinen Zähnen

die rau und stumpf

der Gaumen, der

zieht sich zusammen

von dir, herbe Frucht

und es schüttelt mich.

Klebrig sind die Finger

hell, gelb, mit

viel Saft

herbe Frucht, bist

Du.

Ich presse dich zwischen

Den Lippen und

Sauge den bitteren Geschmack

Von dir

In mich.

Entscheiden

Eigentlich wollte ich wie Brecht sein.

Die Gedanken J. P. Sartres denken.

Ich konnte malen wie Picasso.

Gitarre spielen wie Jimi Hendrix.

Ich wollte das Leid der Armut tragen,

und als Albert Schweizer in Afrika arbeiten.

Ich hatte das Genie eines Einsteins,

und das Lebensgefühl eines Anarchisten.

Ich wollte mein Leben revolutionieren,

und ohne Beispiel sein.

Wollte vom Besten alles geben.

Doch ich konnte mich nicht entscheiden.

Frischer Tau

Frischer Tau im Gras
Strahlt wie Milliarden von Juwelen
Im Morgenlichte, das
Dem Funkeln bald
Im ungebremsten Schritt
Ein Ende gibt

Du kratzig, alte Blume

Du stinkst und siehst übel aus
Wer hat dich nur geschaffen
Warum existierst du auch?
Du passt so ganz und gar nicht
In unsere Menschenwelt
Ich hoff, ein Käfer mag dich

Mach`s gut, ich dacht nur laut!

La nature es le roi dans le jardin.

Amerika

Ab und zu riech ich es.

Amerika.

Benzin über heißem Asphalt.

Das Amerika,

mit Chlor auf deiner Haut,

nach dem Shower,

in schwülen Nächten.

Das schwarze, eisgekühlte

Getränk,

das dir dein Bewusstsein

verdrängt,

wie all die Farben,

die blonde, braungebrannte

Mädchen

um ihre Leiber tragen.

Musik, die an metallic

glänzenden Fassaden,

unerkannt verklingt,

bis sie dich,

respektlos,

unerkannt verschlingt.

Ruck Zuck

Rack Zack Racke zackt

Reck Zeck Recke zeckt

Rick Zick Ricke zickt

Rock Zock Rocke zockt

Ruck Zuck Rucke zuckt

The cat with no respect

The cat sat on the windowsill,
still,
looking through
a sheet of glass.
Some birds
not knowing of
this human work
were scared
and ready for attack,
flew back and forth
not certain

The cat
quite bored
with no respect
disappeared behind
the curtain

Die Sonne lacht dazu

Lang, lang ist`s her,

die Kindertage,

wo wir unbekümmert in der Sonne lagen,

in Bäume unsere Häuser bauten.

Wo Wiesen, Büsche, Bäume,

uns wie Urwälder erschienen,

fremd und groß und wunderbar.

Der Duft von Löwenzahn an uns klebte,

wir Fische mit den Händen fingen

und lachten, ohne

an die Zukunft zu denken

oder was vergangen war.

Wir lebten,

jeden Tag aufs Neue,

die Schmerzen waren bald vergessen,

nur die Freuden blieben wahr,

und sind noch immer da.

Wir sehnen uns zurück,

noch mal im Kornfeld zu verschwinden,

mit blauem Himmel und ein paar Wolken,

unsere Tage zu verbringen.

Die Sonne lacht dazu.

Im Wiesenbett

Seht die Hügel,

mit Buchen, Eichen, Tannen überdeckt.

Im Tal durchfließt ein Bächlein,

das sanfte Wiesenbett.

In das möchte ich mich legen,

der Gänseblümchen Freund,

im Winde mich bewegen,

der Erde gleich vereint.

Mein Geist, der würde strömen,

tät gut für Leib und Seel`

nie mehr möcht` ich aufstehen,

nie mehr mich quälen sehn.

Da

Da, nein da, doch da, wo da, hier da, immer da, lieber da, aber da, damit da, sei da, täglich da, war da, echt da, niemals da, fast da, bleib da, keiner da, weine da, wieso da, weil die da, der da, das da, da da und da, und da und da, dada ist.

Zellteilung

Könnt ich es sehen

was sich bläht und streckt

neue Kräfte weckt

wo es fließt und sprießt

Säfte in neue Hohlräume gießt

wo Milliarden von Winzlingen

neues abbilden

versteckt in Ketten

die sich in Suspensionen entschlingen

es passt und tastet

elektrisch einrastet

Ketten neu bilden

was Farben schafft

wie Berge versetzen

heißt es reduzieren

Drücke ausgleichen

Wände verschwinden

Spannungen gründen

Ich kann es sehen.

Zellteilung

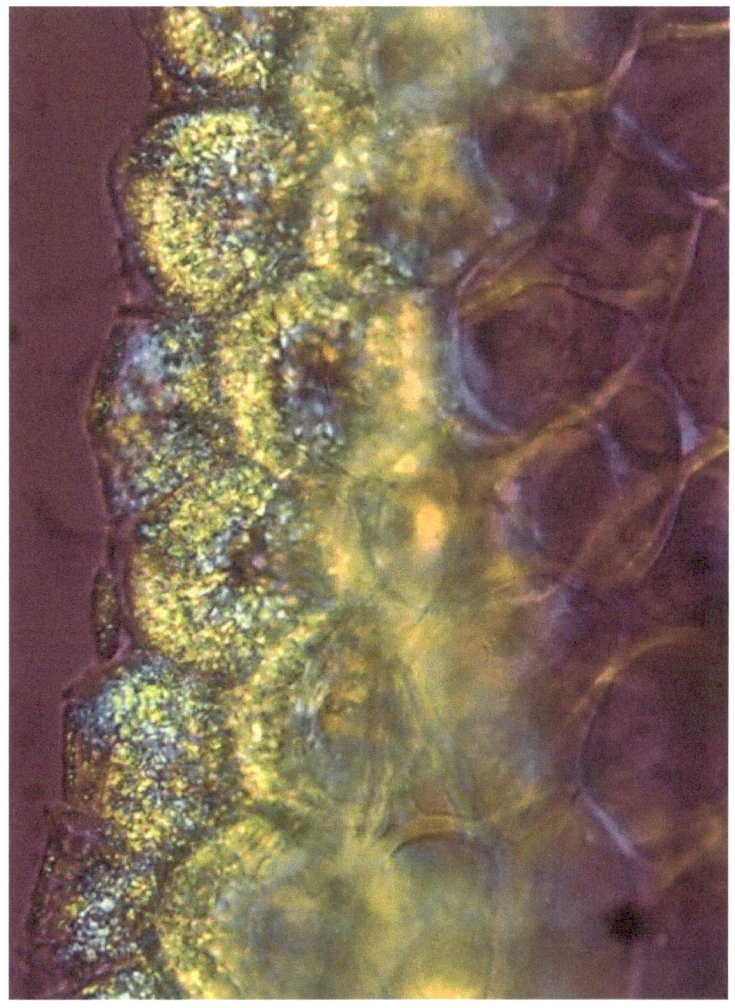

Das Loch im Strumpf

Das Loch im Strumpf,

es fragt mich, wohin wir gehen werden

und ob es schlechtes Wetter gibt.

Ich antworte, dass ich keine Zeit habe.

Das Boot

Da schwimmt ein Boot auf hoher See,
mit einem Wurm, oh je!
Der gräbt und nagt an sicheren Planken,
um seinen Magen voll zu tanken.
Wie dumm,
so wird er wohl das Boot versenken.
Ich wünscht er könnt wie Menschen denken,
dann würde es wohl anders enden.

Reflektion

Der Mensch als Spiegel
Von ganz besonderem Glas
Das nur reflektiert
Was den Einzelnen berührt

Digital

DIGITALENICHTSIEDENKTSTANDERHABEWASSONTMI
TNIEEINERKEINERHEUTEMICHMALEREICHWOHLARN
BEITEMELDETUNDISTOFTJETZTBISWASDAFORTKANNO
SCHRITTICHSOMACHTHEUTESOLLFALLENZERBREITDI
CHENKLEINICHMIRROLLORIEDPROJEKTSOLLMODEGE
SCHRIEBENMACHENBILDERWIRSINDHIRNEINNACHTE
DASMICHXBEOBACHTENNATÜRLICHMITMEXIKOALDI
LEINTERESSXIERTDEMSOLLTEMEINNURDIEICHPLANE
WISSENSCHAFXTKLEINWASICHVINYLDOCHNACHDEE
SOLLMACHENNEXINESNACHLIEBERJAHRNICHTTREFE
FESMUTWILLALLEIXNESIEWELCHERICHNATIONALSIEI
LEBENMAGSIENATURXMICHLIEBTWARUMHILFEINSOL
KANNSIEIRLANDZEICHXNENREALITÄTWARIMMERGA
REINSEHROFFENERKAXMINDERICHSOGARGESTERNWI
NOCHKONNTEDIEAHXLENABERSOISTDIEZEITDANNXI
WIEDERKEINEMÖGLXICHKEITWENNDERTERMINSOLLJ
BALDVONPOLITIKXWIEDERAUFDENWEGÜBERDIEBERY
GEWIRDDOCHALLEFESTINEINERSODERFLUSSWIRDHA
BENICHDIRKEINESCHULDFERNESEHENMITPLATZSON
NEEMELDETUNDISTOFTJETZTBISWASDAFORTSCHRITI1
TICHSOMACHTHEUTESOLLFALLENZERBRECHENKLEIT
NICHMIRROLLORIEDPROJEKTSOLLMODEGEXKLMOPPE
SCHRIEBENMACHENBILDERWIRSINDHIRNEINNACHS0
DASMICHBEOBACHTENNATÜRLICHMITMEXIKOALSO1
LEINTERESSIERTDEINEWELLEDESWEITENWIRDSOKEIJ0
NERKANNESVERSTEHENWENNERWILLWIRDAUCHDIE
SERBALDDEMENDEENTGEGENAUFALLDIEVIELEWÜSN
SCHEUNDALLESEINEPROBLEMESINDDIEFREUNDEALIS
LEDAWIEALLEJAHRKANMICHÜBEYRJEDAMARLOKKEI

?????

bIN DA, WENN ich da Bin

jubelt marTin, hold deiNer gAttin

dem halbEn bRuder

unD ZeiChnet friSch geSpiElt

doch scHAMlos, daSs erS noCH kann

ver sucHEN solls In diESem RaUm uNd ZEit

frisch diPOlmiert der junge INGenIeur

OB einBlick Und ManGel fehLT des probaNDEn

Kunst und Verstand?

WER FRagt, der BlEiBe dran

UnD BlICket ein in diese arBEItswelt

er kaNNs nUr lerNeN

der Gar Zellen

schAMloSer VerstAndt

DADADA

ISISIS

MUSSMUSSMUSS

SEIN

Song

Ref.:
Spend all my time dreaming
Spend all my time for you
Listening for the phone
listening for the knock on the door

Don't know how many buses I missed because of you
Don't know how many days I felt the pain of missing you

I'm sitting, knowing the whole TV program
and waiting for your call
I fear the crossing of the road to get some cigarettes,
because of this all

My plans are changing with the sound of your voice
My way leads to you, and I don't know what's behind

But now I have no wish
to sun with the phone by my side
Now I want to reach the train in time
Now I want to live a life without
the knock on the door outside
But I'll enjoy your being here

Country song

Head long to the country
You`ll find no better place
There you`ll find the wonders
Which make you laugh with pure joy
With pure joy

Head long to the country
You might still find your peace
With that clear eyed vision
That shows you little things
For you to say: I`m glad I came, I`m glad I came

Head long to the country
To hear the song of wind
You will accept a world of elemental things
Nature in storm as well as calm
By night and day, by night and day

Take time to listen and talk about the voices of the earth
The voices of the living things, that never disappear
And it`s not far, it is not far
It`s just in you

Das Elementare

Die Erde ist rund.
Organisierte Atome
pflanzen sich fort.
Mit viel drum rum.
Fragt sich eine organisierte Materie:
Warum?

Es wird Zeit

Die Angst zu bezwingen
Mut zu haben
Auch das zu tun
Was zu tun bleibt
Als Chance
Zum Leben
Eine Möglichkeit

Änderung eines Liedes

Sing mir dies Lied,

mein Freund,

in dem wir unsere

Zukunft begraben.

War da nicht ein Vers,

der auf Besseres hoffen lässt?

Strophe für Strophe ging ich durch,

und mein,

dass man was ändern muss.

Freiheit

haben die, die sie

uns einreden wollen

auch nicht mehr.

Freiheit kommt von innen.

Wer in Freiheit lebt, weiß,

es gibt keinen Grund

für sie zu sterben.

Lied

Das Leben das ich spiel gefällt mir nicht mehr
Nachts träume ich davon wie schön es wär`
Stelle alles mal in Frage, leg den Kopf ein wenig quer
Stoße an und sag mir hinterher:

Was ich brauche ist Natur, Liebe und Kaffee
Etwas Luft, die nicht nach Abfall riecht
Keine Autos, keine Kleider, keinen Schmuck
Keine Uhren, die zu pünktlich geh`n

Immer Arbeit, immer Fleiß, keine Pause, keine Zeit
Für Gedanken auch, um zu versteh`n
Was die Kinder noch wissen
Haben wir schon längst vergessen
Überleg und du wirst seh`n:

Was wir brauchen ist Natur, Liebe und Kaffee
Etwas Luft, die nicht nach Abfall riecht
Keine Autos, keine Kleider, keinen Schmuck
Keine Uhren, die zu pünktlich geh`n

Nicht mehr tatenlos rumhandeln, keine Bücher unterwandern
Lieber witzig als zu kritisch, auch mal kneifen anstatt beißen

Möchte meine Katze streicheln und in bunte Tüten greifen

Will für euch mal an der Kurbel dreh`n:

Was wir brauchen ist Natur, Liebe und Kaffee

Etwas Luft, die nicht nach Abfall riecht

Keine Autos, keine Kleider, keinen Schmuck

Keine Uhren, die zu pünktlich geh`n

Ihr könnt doch noch denken

Oder lasst ihr euch nur lenken

Ihr könnt doch noch fühlen

Oder sind die zuhaus` geblieben

Setzt euch ein für euer Leben

Und ist`s nur der Kinder wegen

Denkt an sie und du wirst versteh`n:

Was wir brauchen ist Natur, Liebe und Kaffee

Etwas Luft, die nicht nach Abfall riecht

Keine Autos, keine Kleider, keinen Schmuck

Keine Uhren, die zu pünktlich geh`n

Der Wind

Dem du begegnest
Auf der Straße
Unter Bäumen
Der noch frisch
Dir die Schwere nimmt
Der Erinnerungen weckt
An jeder Stelle des Körpers
Jedes Haar erfasst
Der dich vor Erregung
Erzittern lässt
Auf neues
Fernes
Unbekanntes
Aufmerksam macht
Der dich vergessen lässt
Du mit ihm reisen möch`st
Der dir ein Lächeln entreißt
Zum Springen erhebt
Dem du schon oft begegnet bist
In fremden Ländern
Der dich an ein Zuhause lenkt
Du mit ihm eins sein möch`st
Der Wind der dir sanft
Das Blut zu Kopfe weht
Und dir von frei sein erzählt
Der Bäume zum Sprechen bringt
Der in der Sonne dir Kühle schenkt

Du ihm entgegen schaust
Mit geschlossenen Augen
Ihn zu riechen beginnst
Der Wind

In Freundschaft

Wenn du an deinem Schreibtisch sitzt
und aus dem Fenster siehst
und du bemerkst, der Himmel über dir wird grau.
Wenn deine Gedanken in die Zukunft blicken,
deine Gefühle dich fragen,
wie wird es einmal sein?
Wenn du nach all und allem fragst
und suchst nach dir und deinem sein.
Wenn sich die Welt auf deine Schultern senkt,
dann vergiss bitte nicht -
du bist nicht allein.

Und falls du mal in Sorge bist,
und dir der Wille siecht,
du am liebsten dann im Bette liegst,
dich zu Träumen fliehst,
dir als Ersatz geboten wird,
woran du all' samt doch nicht glaubst,
schau dir die Dinge lieber doppelt an,
verlass worauf man eh sich nicht verlassen kann.
Such dir von allen dein eigen Bild,
und ist es noch so klein,
und dann vergiss doch bitte nicht,
auch darin bist du nicht ganz allein.

Du fragst, warum du je geboren bist,
die Balken stürzen auf dich ein.
Ein Haus, das du noch bauen musst,
das baust du nicht allein.
Und wenn du dann Vertrauen zeigst,
vielleicht Gefühle weckst,
dann bleib dir treu und schau den andern an,
bevor du dich verschenkst.
Du bleibst du und lebst auf dieser Welt,
wo Liebe Rätsel zeigt.
Doch bleib auf deinem Pfad der dir gefällt
Und vergiss nicht, dass ich bei dir bleib.

Nostalgie

Mit Nostalgie

Betrachten sie

Den Backstein

Den verrußten

Auf welchem noch

Aus alten Tagen

Reklame in verblassten Farben

Auf Besseres beraten

Im Burger King

Musik Musik

M i i i i i i hiuiuiuiui

Hmburger

Can I help you?

Ea io yea so the in

Push Whopper

Licht licht klack

Musik

M i i i i i i hiuiuiuiui

Schwarz gelb rot braun

Rhythmus

Leicht leise schnell

Ratter ratter

Trrrrrrrrrr

He: I got it

Rush Exit

Gras verwirrt mich

Gras verwirrt mich
Sonne verbrennt mein Gesicht
Kurze Hosen sind normal
Was ist real?
Habe ich zu viel gegessen?
Fernsehen macht kurzsichtig
Wind wird gesiebt
Autos werden gefahren
Augen sehen
Verstehen verwirrt
Menschsein beginnt
Mit einer Farbe
Aus dem Katalog
Sinnbilder
Sonne
Kühle
Neue
Bitte
Nein
Oh
A
C
!
.

Warum?

Warum ist die Blüte gelb?

Deine Lippen rot?

Warum der Vögel Stimmen hoch?

Und meine Worte groß?

Worin der Sinn der Farben, Taten, Reden,

- nur zum Überleben?

Für was Gesetz und Brutfürsorge?

Die Arbeit und das Militär?

Wir regeln, denken, korrigieren

und wissen gar nicht mehr

– vom Leben. Als zu überleben.

Kröte schlucken

Ein Metzger, der kaufte ein Auto

und lud seinen Freund dazu ein.

Sie fuhren zur Stadt und der Autobahn

und promenierten vor ihrem Verein.

Da lag auf der Straß` eine Kröte,

der Metzger hielt an und versprach:

„Verzehrst du die Kröte zur Stelle, das Auto wird dein."

Und so wars.

The nuclear boy

Skulptur aus Ton gebrannt

Zeit

vergeht
zu langsam
wenn du träume hast
ein ziel

Machtlos

Angst vor einem Krieg
Angst vor der Arbeitslosigkeit
Angst vor der Zerstörung unseres Planeten
Angst vor dem Gift in der Nahrung

Ohnmächtig vor dem Gesetz der Herrschenden
Ohnmächtig vor der Gier der Reichen
Ohnmächtig in der Herde der Ohnmächtigen

Es ist ganz neu und doch bekannt

ich will ein kind sein
und kann das sein was ich bin
ich will ein stuhl sein
für die liebe, die mich nimmt
weil ich dann frei bin
von all dem klimbim
der mir den blick wegnimmt

wer sagt mir was ich haben muss
das haben engt mich ein
nur wenn ich weiß, dass ich mir wichtig bin
weiß ich was haben heißt

und weil ich weiß, dass du mir wichtig bist
der ganze mensch nicht menschlos ist
und weil ich weiß, dass du auch kind sein willst
machst du den stuhl für liebe frei
beweis den mut dein ich zu sein

Song for Kathrin

there she comes along
with her red car by her side
living in a garden with flowers
like in paradise

Ref.: we call her Kathrin, only Kathrin
       come on and go with her
       she`s living in a child's world
       Kathrin, she is my mental guide

look, she wears her red jumper
kissed by her long blond hair
she is dancing on my windows`sill
and tells me life is beautiful

with her childish face
oh Kathrin, oh Kathrin
you are all the way, like a child to me

the mirror in a child`s eye
is always true, it does not lie
she has them open ever wide
revealing always what`s inside

she is swinging through the open air
the ribbons dangling from her hair
she looks upon my stupid life
and laughs about my cold old jail

gleefully she calls my name
running back from where she came
oh, to be a child again
free of cares and free of pain

Voll von dir

Mein Kopf ist voll von dir,
verspüre ich das warme Licht,
das dich umgibt,
sehe ich den Weg,
gesäumt von tausend Blüten.

Dein Lächeln, still, verliebt,
ich halt dich fest in meinen Armen.
Vertreib die Sorgen,
Schritt für Schritt,
bis nur noch Glück dich tief durchdringt,
die Freude auf das Morgen.

Hurra!

Hurra!
Freude!
Bing. Hurra!
Die neue ist da!
Hurra!
Freude. Lacht.
Macht.
Mensch lach!
Hurra!
Klick.

Shake

Shake shake shake shake shake shake shake

Shake shake shake shake shake shake

I shake it shake it all shake shake

Shake shake shake it all

Shake shake it all

Shake it all

Shake it

Papperlapapp

Menschen

Im Gefängnis ihrer Gefühle

Eingeschlossen zwischen Wänden

Sterben

Lebendig

Langsam

Was bleibt

Eine gelbe Zahnbürste

Die Dose Deodorant

Der Stuhl von Oma

Bilder noch an der Wand

Ein paar Ideen

Träume, Wünsche

Alles geht

Geht

Auch sie, weil sie

Mich mag

Ist was bleibt

Zeigen

Euch zu sagen, was die Sonne im

Kirchbaum tat

wünschte ich mir

und zeigen

wie ein Haus lachen kann

Im Labyrinth

Im Labyrinth,
mit deinem Bild vor Augen,
laufe ich mir die Füße wund.

Straßenarbeiter

Männer im Schatten,
mit schwarzen Händen,
im Gespräch,
fliehend vor der Hitze,
auf Kisten sitzend,
mit Blick auf die Arbeit,
schlechten Gewissens,
der Zigaretten,
einem Mädchen nachschauend.

Unendlich alt

Wie ruhig sie da liegen

Unendlich alt

Vom Wasser geschliffen

Unnachahmlich

In ihren Farben

So ruhig

Geduldig

Als würden sie warten

Auf eine Geschichte

Eine neue

Vielleicht meine

Und könnten mir

doch so viel mehr erzählen

Du

Ich sag nicht du und nenn deinen Namen

Ich sag du und denk an mich

Ich weiß das Licht brennt nur einmal

Wer weiß wie lange

Ich sag du und denk an Glück

Der blaue Planet

Für kurze Zeit nur

Hast du das Wunder

Dieses Planeten gelebt

Du warst ein Atemzug

Ein Hauch auf seinem

Antlitz

Er hat dich emporgehoben

Wie eine Welle

Ein funkelnder Tropfen

Im schäumenden, spritzenden Nass

Du hast seine Luft geatmet

Kurz, zu kurz nur

Für uns

Die dich jetzt suchen

Wie ein Tropfen im Meer

Und uns nicht weniger

Erwartet

Als mit ihm eins zu werden

Der blaue Planet

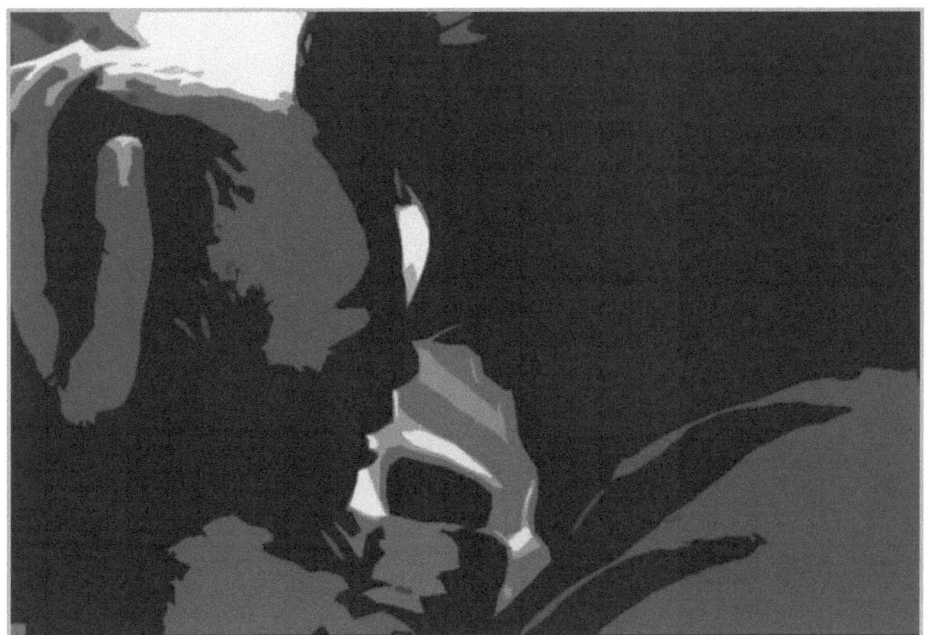

Der Clown

Der Clown,
der spielt dich nach.
Und du,
du lachst über ihn.

Der Fehler

Es gibt Fehler
Die wiederholt man so oft
Bis nichts bleibt
Um falsch zu machen

Den Tod erleben

ist tödlich!

Huch!

Pfiffchen

Pfiff – schief – lust – musst – allele – fehlte – ihre – zelle - auf
– die – schnelle – bumm – krumm – war – er – da – ja.

Blumenwiese

Auf einer Wiese
Eine Blume stand
Ganz allein
In diesem Jahr
Und als ich wiederkam
Ein Meer von Blüten
Im Grün zu finden war

Achwasdas?!

Ach was, das dass!?

Zu viele

Viele
Zu viele
Rennen
Müde
Zu müde
Ranken
Strecken
Strampeln
Schließen
Zweifeln
Liegen
Augen
Reiben
Starren
Rennen
Stumm
Gelähmt
Eilen
Warten
Zu viele
Zu müde
Vorbei

Sättigend

Es ist besonders bekömmlich
Und leicht verdaulich
Macht nicht dick
Es macht fürs Durchschlafen satt
Ideal angepasst
Mit jedem Schlückchen
Zufriedenheit
Und Wohlbehagen
Genau was Sie brauchen
Schlückchen für Schlückchen
Vertrauen Sie der Erfahrung
Und dem Bewährtem
Zufriedenheit und
Wohlbehagen
Und Sie bekommen genau das,
Was für Ihre gesunde Entwicklung
Wichtig ist
Natürlich das Beste

Fügen

Als ich geboren wurde waren sie schon da
Das kümmerte mich wenig
Als sie mich zur Pflicht riefen
Fragte ich nicht warum rufen sie
Jetzt, da ich weiß wer ich bin
Gibt es keinen Grund zum Fügen

Ich stürze

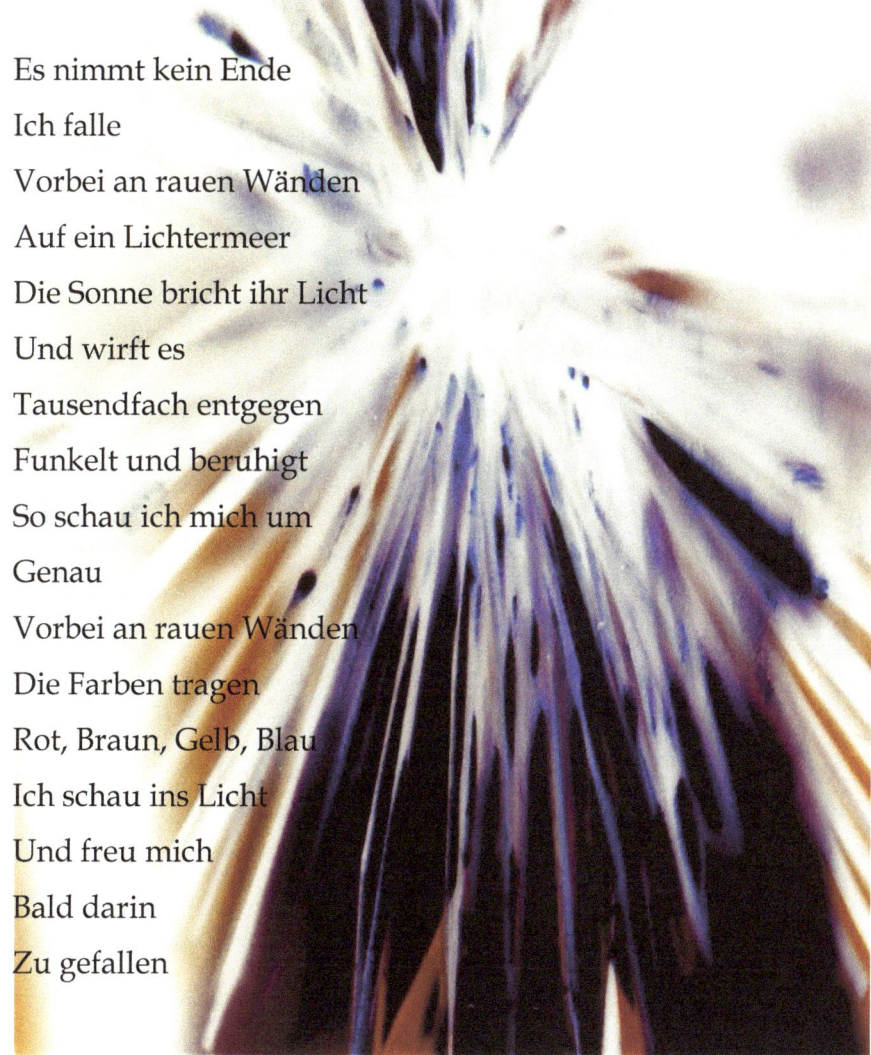

Es nimmt kein Ende

Ich falle

Vorbei an rauen Wänden

Auf ein Lichtermeer

Die Sonne bricht ihr Licht

Und wirft es

Tausendfach entgegen

Funkelt und beruhigt

So schau ich mich um

Genau

Vorbei an rauen Wänden

Die Farben tragen

Rot, Braun, Gelb, Blau

Ich schau ins Licht

Und freu mich

Bald darin

Zu gefallen

Polluted Water

Downstream

Seems to be easier

But it`s less fun

After all

Who wants to jump

In polluted water?

Der Friede von innen

Der Friede, von innen.

Die Wärme, von außen.

Einander spüren.

Und zu lieben.

Die Gedanken sind weit,

weit am andren Ort,

einer anderen Zeit.

Doch die Wärme und Liebe

fließt von dort zu mir

noch heut.

New York Twin Towers

So

So rot kann
keine Farbe sein,
wie dieses Blut
zur Befreiung
von einer
imperialistischen
Welt.
Hassen ist kein schönes Wort.
Ungerechtigkeit auch nicht.

Die Sonne bleibt
Über allem noch
Am stabilsten
Sie scheint von
Revolution zu
Revolution
Von Ausbeutung
Zu Unterdrückung
Von Arm zu Reich
Von Wut zu Ohnmächtig
Die Sonne scheint
Immer zu scheinen

Freundschaft

Über all dem was uns
unterscheiden mag.
Durch all die Zeit auch die,
die keiner Worte bedarf.
Verschiedener Interessen,
Wünsche zum Trotz,
durch all das kommt
die Freundschaft doch.

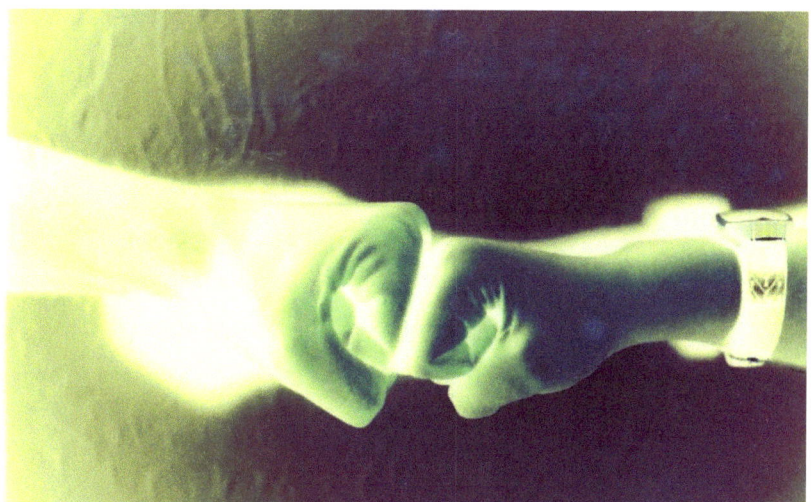

Anteilnahme

Ein Verlangen nach,

das nicht stillsitzen kann

ein Gespräch,

das nicht stattfinden kann,

die Anteilnahme,

auf die noch zu warten ist,

an Gemeinsamkeiten

und Frieden

Hoffnung

Hintergrund: grau

Drei Linien: Telefonleitungen

Der Mast einer Antenne: Fernsehen

Ein grau grünes Haus: Zuflucht

Durch das Fenster: Triste

Drei Bäume: Hoffnung

Aus

Aus				sondern	
Aus				sorgen	
Aus			schneiden	stehen	
Aus	land		harren	ziehen	
Aus	sätzig		lachen	wurf	
Aus	wärtig	Aus	fallen	wirkung	
Aus	dehnen	Aus	schlag	sicht	
Aus	üben	Aus	leeren	loggen	
Aus	baden	Aus	booten	misten	Aus
Aus	nahme	Aus	denken	leben	Aus
	halten	Aus	bitten	kosten	Aus
	beuten	Aus	brechen	tritt	Aus
	denken	Aus	sprechen	spannen	Aus
		Aus	sterben	atmen	Aus
		Aus	sterben		Aus

Aus

Nichts verlieren

Es ist schön so zu tun,
als könnte man sich im
Nichts verlieren.
Den Körper duschen
in dem Regen
der erdachten Regungen
Im Nichts verlieren
Nicht existent sein
Zerfließen in Raum und Zeit
Bedeutungslose Geräusche. Gespräche.
Das Ticken der Uhr.
Nichts ist wichtig.
Nur das Gefühl zu leben
Nichts verlieren

Intellektuelles Gerede

So stirbt Sie
Die geistige Profile machen
Kampf im Intellekt
In Plastikfolie verpackt
Materialismus bestimmend
Tiefgekühlt
    Und ihre Gespräche erblinden
    Und spüren nicht die Wärme
    In der Sonne
    Ich verstumme
    Wenn alle zu laufen beginnen
    In Deinen Armen

Für einen treuen Baum

Du bist immer da, wenn ich komme.
Du hörst mir zu, ohne dich zu regen.
Du lässt mich bei dir ausschlafen.
Du gefällst mir.
Du deckst mich zu und lässt mir doch
den Himmel zum Träumen.
Es tut gut bei dir zu sein.
Die Lungen mit frischer Luft zu füllen.
Du bist eine Stütze für mein schwaches Kreuz.
Es fällt mir immer schwer, mich von dir zu trennen.
Bei dir, da brauch ich nichts zu tun.
Nur liegen und dich preisen.
Du weißt, das tu ich gern.
D`rum lässt du mich bei dir bleiben.

extrem einfach

das verlangen nach gedanken
an sich / die forderung /
nicht aufgeben zu wollen
was man als gerecht
empfindet / nicht allein
zu sein
sich endlich einen weg /
finden lassen / selbst finden lassen
in seiner müdigkeit wach
sein / endlich mehr
vergessen können

Wie durch Kinderaugen

Wie durch Kinderaugen
Sehen wir unsere Liebe
Fühlen uns geborgen
Haben Lust zu lieben
Haben Liebeskummersorgen
Lieben uns aus Freude
Verlieben uns aufs Neue
Und wie ein Kind erwachsen wird
Wird unsere Liebe weiser

Weißt du noch in Weilburg?! Oder in Limburg.
Der Dom da. Der Garten.
Schön. Nicht wahr?!

Melancholie

Ich liebe –

deine Zufriedenheit, die Gelassenheit und dich. Ich liebe die Sonnenstrahlen auf der Haut, die Ruhe und das Glück. Ich liebe die Fantasie und Bilder von dir in meinem Kopf, ich liebe die Schattenspiele der Bäume am Tag, die Silhouetten vor dem Sternenhimmel der Nacht. Ich liebe es in deinen Armen zu liegen und wenn du dich fest an mich drückst. Ich liebe den Wind, der sanft über meinen Körper streicht, den Wind, der in deinem Haar sich fängt. Ich liebe die Melancholie und wenn du glücklich bist – ich liebe, dich.

Es gibt eine Rose, die ich dir gerne geben möchte. Ich sehe sie genau vor mir, mit samten Blütenblättern. Ein Tautropfen glitzert an dem purpurroten Blatt, voll von Schönheit und duftender Sinnlichkeit. Ich sehe, wie du dich beugst, die Blüte leicht in deiner Hand, wie sie dich verzaubert und dich glücklich macht. Ich wollte die Rose nicht brechen, dass aber diese Zeilen dich immer an sie erinnern.

Ich liege mit dir auf einem fliegenden Teppich. Seite an Seite, Haut an Haut. Wir schauen in den Himmel und trotzdem sehen wir die ganze Welt. Sehen die silberblauen Seen und Meere, in denen wir schwimmen, die Strände, an denen wir uns lieben, die schattenspendenden Bäume, unter denen wir in Hängematten dösen und träumen. Ich sehe Flüsse und Berge, Wüsten, Wälder und die Sterne, zu denen wir Hand in Hand entgegenfliegen.

Der See ist zugefroren, kein leichtes Schlagen der Wellen mehr am Ufer. Kein Glitzern im Sonnenlicht, keine Libellen, keine Vögel, die sich am Wasser laben. Kein Kreischen und Lachen von Kindern, die baden. Kein Fisch, der die Oberfläche durchbricht. Es ist still und kalt um den See. Keiner möchte sich auf das Eis wagen – ich schau hinüber – träum von Sommertagen, von Wärme und von Glück.

Nicht nur zur Weihnachtszeit

Warum nur zu der Weihnachtszeit
Soll`n Friedensglocken läuten
Warum hilft man den Ärmsten dann
Wenn`s Christkind ist geboren
Zu Waffenstillstand ist man bereit
Einander zu beschenken
Zusammen stimmt man Lieder an
Sogar an Tiere will man denken

Mensch Leute lasst die Glocken läuten
Zur Weihnachtszeit und auch danach
Haltet auf Lebzeit Feuerpausen
Gebt dem, der hungert, jeden Tag
Singt lauter, fröhlicher die Lieder
Auch eure Tiere reiht mit ein
Christkinder werden jeden Tag geboren
Ihnen soll der Frieden sein

Winter

Die warmen Sommertage
Sie sind schon lang vorbei
Der Winter, keine Frage
Senkt sich aufs Land wie Blei
Nebelumhüllte Bäume
Des Laubes arg beraubt
Sinken in meine Träume
Die Stille wird nun laut

Wie schön wär`s, wie die Bäume
Bald wieder aufzublühen
Noch einmal einzutauchen
In frühlinghaftes Grün

Happy New Year

FROHES NEUES JAHR

Bonne Année; Happy New Year; Urte Berri On; Bloavez Mad; Shubho Nobo Borsho; Xin nian yu kuai; Godt Nytår!; Frohes neues Jahr; Sal-E No Mubarak; Onnellista Uutta Vuotta; Gelukkig nieuwjaar; Lokkich Nijjier; Feliz Aninovo!; Eftecheezmaenos o Kaenooryos hronos; Nav Varsh Ki Haardik Shubh Kaamnaayen; Bliain nua fe mhaise dhuit; Buon Capodanno; Feliz Año Nuevo; Ojenyunyat Osrasay; Jangi Jilingiz Quttuu Bolsun!; felix sit annus novus; Is-Sena T-Tajba; kia hari te tau hou; Hozhi Naghai; Godt Nytt År; Guads neis joa; Szczesliwego Nowego Roku; La Multi Ani; S Novim Godom; Bonus Prinzipius E Mellus Finis; nain saal joon wadhayoon; Scastny Novy Rok; Yeni Yiliniz Kutlu Olsun; Naya Saal Mubarak Ho; Blwyddyn Newydd Dda; Cung-Chuc Tan-Xuan; L'Shannah Tovah Tikatevu; Gullukkig Niuw Jaar; Sabai dee pee mai; Linksmu Nauju Metu; Gott Nytt År;

Weitere Bücher von Ernst Ludwig Becker im Buchhandel erhältlich:

Wider die menschliche Vernunft

Der Mensch ist ein vernunftbegabtes Wesen. Warum lebt er nicht vernünftig? Warum schädigt er sich und fügt Schaden an seinen Mitmenschen an und bringt sogar das ganze globale Ökosystem in Gefahr?

Sebastian Waindinger, ein pensionierter Biologielehrer aus Frankfurt, ein politisch engagierter Mensch, macht sich seine Gedanken darüber. Er sieht das biologische Gleichgewicht unseres Planeten in Schieflage, durch die Art wie die Menschen wirtschaften, wie sie die Ressourcen verschwenden und dass sie naturwidrig lange Leben und sich maßlos vermehren.

Das Leben von Sebastian Waindinger ist nicht ungewöhnlich, aber es ist bemerkenswert. Lesen sie seine Geschichte.

Los Molinos del Rio Aquas

Das Buch handelt von der Geschichte eines Mannes, der seine Frau und Familie verlässt, um im Süden von Spanien, in Los Molinos del Rio Aquas, in einer alternativen Lebensgemeinschaft dem Leben erneut auf die Spur zu kommen. Es geht um Nachhaltigkeit, soziale, wirtschaftliche und politische Themen und um den Erhalt der maurischen Terrassengärten. Es geht um das Leben in dieser Region und um zwischenmenschliche Beziehungen.

Heilige Corona, steh uns bei!

Der Autor beschreibt in seinem neuen Buch seine ganz persönliche Lösung gegen das Corona-Virus: Lachen. Das ist bekanntermaßen nicht nur gesund, sondern kann uns auch bei der Bewältigung der Krankheit helfen. Denn solange es keinen Impfstoff gibt, ist die Stärkung unseres Immunsystems eine der wichtigsten, individuellen Möglichkeiten, der Krankheit die Stirn zu bieten. Und beim Lachen werden rund 300 Muskeln angespannt, allein 17 davon im Gesicht. Lachen führt zu einer schnelleren Atmung, mehr Sauerstoff, mehr Stoffwechsel, mehr Antikörpern und nicht zuletzt zu

mehr Lebensqualität. Gesundheit ist in der Corona Krise das Wichtigste! Das denkt sich auch der Autor und schreibt über seine Erlebnisse während des Shutdowns mit den Blutsverwandten, mit den Freunden und dem Rest der Welt. Lachen ist sogar gesund, wenn er in keiner Krise steckt, stellt er erleichtert fest.

Im Land der unbegrenzten Möglichkeiten

Das Gehirn ist ein Wunderwerk der Natur. Die Neugierde und die Fantasie, die Vorstellungskraft, die von diesem Organ ausgehen sind die Grundlage der menschlichen Entwicklungsgeschichte. Werkzeuge und Waffen sind erste Kreationen. Die Landwirtschaftliche Revolution, der technische Fortschritt machen die Welt zum Untertan. Es denkt sich Verhaltensregeln aus und sozialisiert. Es musiziert. Aber das Gehirn schafft auch geistige Welten, Mythen, Märchen, es erklärt Religionen und philosophiert. Und es denkt über sich selbst nach. Versteht das Bewusstsein, dringt ein in das Unbewusste, die Träume und die Erinnerungen und erkennt, dass es mehr als eine Wirklichkeit gibt.

Emily, die Tochter eines Töpfers aus Pennsylvania, konstruiert ihre eigene Wirklichkeit, um den Tod ihres Bruders zu überwinden. Sie lernt viel über die Töpferei, über die Natur und die Naturgesetze, über die Geschichte der Menschen. Aber viel wichtiger ist, dass sie lernt ihre Fantasie zu benutzen, denn nur in ihrer Fantasie wird die Zukunft Wirklichkeit. Nur die Fantasie kann den Tod überwinden.

MIX
Papier | Fördert
gute Waldnutzung
FSC® C083411

Zeitfracht Medien GmbH
Ferdinand-Jühlke-Straße 7
99095 Erfurt, Deutschland
produktsicherheit@kolibri360.de